CATALOGUE
D'ESTAMPES

PRINCIPALEMENT

DE L'ÉCOLE FRANÇAISE DU XVIIIe SIÈCLE

PIÈCES EN COULEUR

LITHOGRAPHIES ET EAUX-FORTES MODERNES

DESSINS

Par **DUPLESSIS-BERTAUX**

Pour les Tableaux de la Révolution française

QUANTITÉ D'ALBUMS

DONT LA VENTE AUX ENCHÈRES PUBLIQUES AURA LIEU

HOTEL DROUOT, SALLE N° 4

Le Mercredi 24 Avril 1872

A UNE HEURE PRÉCISE

Me **DELBERGUE-CORMONT**, Commissaire-Priseur,
rue de Provence, 8,

Assisté de **M. CLEMENT**, Marchand d'Estampes de la
Bibliothèque nationale, rue des Saints-Pères, 3.

EXPOSITION PUBLIQUE

Le Dimanche 21 Avril 1872, de 1 heure à 5 heures.

PARIS — 1872

CONDITIONS DE LA VENTE

Elle sera faite au comptant.

Les Acquéreurs paieront CINQ POUR CENT, en sus du prix d'adjudication, applicables aux frais.

Les Dessins seront vendus à quatre heures.

L'Expert dirigeant la vente se réserve la faculté de diviser ou réunir les lots.

DÉSIGNATION
DES
ESTAMPES

1 **Boissieu** (J.-J. de). Vingt-deux pièces dont plusieurs anciennes épreuves et très-belles.

2 **Blondel** (Marie-Michelle). Profils et ornements de vases exécutés en marbre, bronze et plomb dans les jardins de Versailles. 5 pièces dont 1 titre. Lits, par de La Fosse. 8 pièces. En tout 13 pièces.

3 **Bonnart**. Portraits et costumes. 11 pièces.

4 **Both** (Jean). La Femme montée sur le mulet (B. 1). Très-belle épreuve avant l'adresse de Matham.

5 — Les cinq Sens (B. 11,15).

6 **Callot** (Jacques). Parterre du Palais de Nancy (M. 622). Très-belle épreuve du 1ᵉʳ état.

7 **Coypel** (A.). Portrait de La Voisin, célèbre empoisonneuse, d'ap. Chasteau. Très-belle épreuve. Rare.

8 **Dietricy**. Vingt-cinq pièces de son œuvre. Belles épreuves.

— 4 —

9 **Divers**. Paysages d'après différents maîtres. 78 pièces.

10 — Paysages. 40 pièces.

11 — Paysages d'après Ruysdael, Genoels et autres. 75 pièces.

12 — Portraits de Christine de Suède, Gluck, etc. 8 pièces.

13 **Durer** (Albert). Le Mariage de la Vierge (B. 82 des pièces gravées sur bois). Superbe épreuve du 1er état, avant le texte au verso.

14 **Dujardin, Both, Berghem**. Trente pièces paysages et sujets d'animaux, dont plusieurs très-belles épreuves.

15 **Earlom** (R.). Quarante paysages d'après Claude Lorrain, tirés du *Liber veritatis*.

16 **Everdingen** (Albert). Paysages. 10 pièces. Très-belles épreuves.

17 **Faithorne**. Portrait de la reine Elisabeth assise sur son trône. Très-belle épreuve.

18 **Ghisi** (G.). Portrait de Michel-Ange Buonarotti. Belle épreuve.

19 **Goltzius** (H.). Portrait de Madame de La Faille, etc. 2 pièces. Belles épreuves.

20 **Marat**. Les Églises de Paris. 9 pièces.

21 **Naiwinck**. Paysages. 4 pièces. Très-belles épreuves.

22 **Nanteuil** (R.). Aubray (Dreux d'), lieutenant civil au Châtelet de Paris (R. D. 25). Très-belle épreuve.

— 5 —

23 — Bartillat (Etienne-Jehannot de), garde du Trésor royal (R. D. 32). Très-belle épreuve du 1er état.

24 — Bartillat (Etienne-Jehannot de), garde du Trésor royal (R. D. 32). Très-belle épreuve du 1er état.

25 — Beaumanoir de Lavardin (Philibert-Emmanuel de), évêque du Mans (R. D. 35). Très-belle épreuve du 1er état.

26 — Bouillon (Frédéric-Maurice de La Tour d'Auvergne, duc de) (R. D. 49). Très-belle épreuve.

27 — Courtin (Honoré), conseiller d'Etat (R. D. 80). Très-belle épreuve du 1er état, tachée.

28 — Dorieu (Jean), président en la Cour des aides (R. D. 84). Superbe épreuve.

29 — Fouquet (Basile), abbé de Barbéaux et de Rigny, chancelier des ordres du Roi (R. D. 97). Très-belle épreuve.

30 — Gillier (Melchior de), maître d'hôtel du roi (R. D. 102). Très-belle épreuve.

31 — Le Tellier (Michel), ministre d'Etat, puis chancelier et garde des sceaux de France (R. D. 128). Très-belle épreuve.

32 — Le même personnage (R. D. 134). Très-belle épreuve du 1er état.

33 — Le même personnage (R. D. 136). Belle épreuve.

34 — Lionne (Jules-Paul), abbé de Marmoutier et prieur de Saint-Martin-des-Champs (R. D. 147). Très-belle épreuve du 1er état.

— 6 —

35 — Marin de la Châtaigneraye (Denis), conseiller d'Etat, intendant des finances (R. D. 178). Très-belle épreuve du 1ᵉʳ état.

36 — Mazarin (Jules), cardinal, ministre d'Etat (R. D. 180). Très-belle épreuve du 1ᵉʳ état.

37 — Le même personnage (R. D. 184). Très-belle épreuve du 1ᵉʳ état.

38 — Le même personnage (R. D. 186). Très-belle épreuve du 2ᵉ état.

39 — Mesmes (Jean-Antoine de), président à mortier au Parlement de Paris (R. D. 192). Très-belle épreuve du 1ᵉʳ état.

40 — Molé (Edouard), président à mortier au Parlement de Paris (R. D. 193). Très-belle épreuve.

41 — Regnauldin (Claude), procureur général au grand conseil (R. D. 216). Très-belle épreuve du 1ᵉʳ état.

42 **Ostade et Bega.** Vingt pièces de leurs œuvres. Anciennes épreuves.

43 **Ostade** (D'après). Portrait de sa mère, gravé à la manière noire. Superbe épreuve.

44 **Perelle.** Vues de Paris et de province. 54 pièces.

45 **Pontius** (P.). François-Thomas de Savoie, prince de Carignan, d'après Van Dyck. Très-belle épreuve.

46 **Ranson, Lepautre, etc.** Ornements, vases, cartouches, etc. 20 pièces.

47 **Rembrandt.** Jeune homme assis et réfléchissant (B. 268). Très-belle épreuve rognée.

— 7 —

48 **Sylvestre** (J.). Vues de Paris dont quelques-unes rares. 55 pièces.

49 — Vues de province. 73 pièces.

50 **Swanevelt** (H.). Vingt-quatre pièces de son œuvre. Anciennes épreuves, plusieurs avant l'excudit.

51 **Tiepolo**. Les Caprices. 10 pièces, plus le titre. Très-belles épreuves.

52 **Vénitien** (A.). Panneau d'ornements (B. 562). Très-belle épreuve.

53 **Verboom**. Le Hameau (B. 1). Très-belle épreuve.

54 **Vlieger** (S. de). Trois pièces dont une copie. Belles épreuves.

55 **Waterloo**. Quatre-vingt-trois pièces de son œuvre. Anciennes épreuves.

ÉCOLE FRANÇAISE DU XVIIIᵉ SIÈCLE

56 **Alix** (P.-M.). Portrait de Molière, gravé en couleur, au bas duquel est représentée une scène de *Tartuffe*.

57 **Anonymes**. Trois pièces curieuses, sur les priviléges d'avant 1789. Coloriées.

58 — La Chambrière instruite. — L'Instant de la gaieté. — La Réflexion tardive. — La Perte irréparable. — La Fille mal payée. Suite de 5 pièces. Très-belles épreuves.

— 8 —

59 **Aveline.** Les cinq Sens. Suite de 5 estampes, composées et gravées par Aveline. Très-belles épreuves.

60 **Baudouin** (D'après). Marton, par Ponce. — Jeune Fille effeuillant une rose, par Masquelier. Deux pièces. Très-belles épreuves avant la lettre.

61 — Le Curieux, par Maleuvre. Très-belle épreuve avant la lettre; plus une seconde épreuve où la bordure est rognée. 2 pièces.

62 — Le Matin. — Le Soir. 2 pièces gravées par de Ghendt. Très-rares épreuves avant la lettre.

63 — La Nuit, par de Ghendt. Belle épreuve.

64 — Le Danger du tête-à-tête. Très-belle épreuve.

65 — Le Fruit de l'amour secret, par Voyez Junior. Superbe épreuve.

66 — Les Cerises, par N. Ponce. — Les Amants surpris, par Choffard. — L'Écueil de l'innocence, d'après Moitte, par Deny. 3 pièces.

67 **Basset** (A Paris, chez). Mort de Louis Capet, seizième du nom, le 21 janvier 1793. Grande pièce en largeur, coloriée. Très-rare.

68 — **Beauvarlet.** Bourgogne (Louis-Joseph-Xavier, duc de), d'après Fredou. Très-belle épreuve avant la lettre.

69 — **Beauvarlet** (Mme). Bacchanale, d'après St-Quentin. Très-belle épreuve.

70 **Boucher** (D'après). La Courtisane amoureuse, par de Larmessin. Belle épreuve.

71 — Le Fleuve Scamandre, par de Larmessin. Belle épreuve.

72 — Le Matin. — Le Soir. 2 pièces gravées par Petit. Très-belles épreuves.

73 — Madame Favart dans *Ninette à la cour*, gravé par Le Bas. Jolie petite pièce. Superbe épreuve avant la lettre.

74 — La même estampe. Très-belle épreuve avant la lettre.

75 — Paysages et Pastorales, gravés par Huquier. 20 pièces. Très-belles épreuves.

76 — Études de têtes, sujets d'enfants et sujets champêtres. 16 pièces. Très-belles épreuves.

77 — Études de têtes, femmes couchées. — Paysages, gravés par Demarteau et autres. 20 pièces au crayon rouge.

78 **Borel** (D'après). Intérieur d'une maison de jeu. — Arrivée du guet dans la même maison. 2 pièces très-curieuses pour les costumes. Très-belles épreuves avant la lettre. De la plus grande rareté.

79 **Bradel.** Portrait de la Chevalière d'Éon de Beaumont. Très-belle épreuve.

80 **Campion.** Vues de Paris, gravées en couleur, d'après Sergent et autres. 11 pièces.

81 **Carême** (D'après). Bacchanales. 3 pièces gravées en couleur. Superbes épreuves avant la lettre.

82 **Challe, Baudouin et autres** (D'après). La bonne Fille. — Le Baiser refusé. — L'Éveillé. — La Réunion des plaisirs. — La Curieuse aperçue, etc. 9 pièces gravées en couleur. Très-belles épreuves.

83 **Chardin** (D'après). La Fontaine, par Cochin. Très-belle épreuve.

84 — Le Bénédicité. — La Gouvernante. 2 pièces. Belles épreuves.

85 — Le Négligé ou la Toilette du matin. — La Mère laborieuse. 2 pièces. Très-belles épreuves.

86 — Les Osselets. — La Maîtresse d'école, etc. 4 pièces dont une double. Belles épreuves.

87 **Chauveau et autres**. L'honnête Fripon. — Vignettes, costumes etc. 22 pièces.

88 **Choffard**. Adresses, titres de livres, cartouche, etc. 6 pièces. Très-belles épreuves.

89 **Cochin** (C.-N.). Le Tailleur pour femme. Très-belle épreuve avant la lettre.

90 **Cochin** (D'après). Concours pour le prix de l'étude des têtes et de l'expression, gravé par Flippart. Très-belle épreuve.

91 **Cochin et Sergent**. Expérience du globe aérostatique de MM. Charles et Robert, aux Tuileries, le 1er décembre 1783. — Vue perspective de l'illumination de la rue de la Ferronnerie du côté de la rue Saint-Honoré, le 8 septembre 1745. 2 pièces.

92 **Coypel**. Modes de Paris, janvier 1726, etc. 3 pièces.

93 **Coypel** (D'après). L'Alliance de Bacchus et de Vénus. — La Folie pare la Décrépitude des ajustements de la Jeunesse. 2 pièces.

94 **Debucourt**. Les Visites. Épreuve en noir.

95 — Annette et Lubin, pièce gravée en couleur. Très-belle épreuve.

96 — Le Jour de barbe d'un charbonnier.— Passez-Payez. 2 pièces gravées en couleur, d'après Vernet. Très-belles épreuves.

97 **Descourtis**. La Noce de village, gravée en couleur, d'après Taunay. Très-belle épreuve.

98 — Le Tambourin, gravé en couleur, d'après Taunay. Superbe épreuve avant toute lettre.

99 **Desrais et autres**. La Toilette pour aller au sérail. — Le Sérail. — La Fille qui se défend mal. — Le Rendez-vous de chasse. — Le Danger des bosquets. — Le Jeu de l'escarpolette. — La Chute favorable. — L'Huître d'honneur d'Arras Gobbée, etc. Dix pièces coloriées, curieuses pour les costumes.

100 **Desrais, Defraisne et autres**. Costumes et coiffures de la fin Louis XVI et commencement de la Révolution. 15 pièces, la plupart coloriées. Rares.

101 **Desrais, Queverdo et autres**. Le Maître galant, — Philosophie moderne, — la Résistance, etc. 5 pièces.

102 **De Troy** (D'après). Le Jeu du pied de bœuf, par Cochin. Très-rare épreuve avant toute lettre.

103 **Divers**. Sujets pastoraux, Paysages, dont : les Plaisirs variés et le Petit palais, par Lalive. 25 pièces.

104 — Costumes de théâtre, gravés par Janinet et autres. 12 pièces en couleur.

105 — Trente-huit pièces, d'après Jeaurat, Desrais, Boucher et autres.

38 106 — Trente-sept Pièces, d'après Jeaurat, Courtin, Aubert, etc.

24 107 — Le Maître de musique, d'après Le Brun. — La Musique, d'après Queverdo. — La Soirée des Tuileries et la Toilette, d'après Baudoin, etc. 13 pièces.

9 108 — Portraits et sujets divers, d'après Raoux, Jeaurat et autres. 14 pièces.

2,50 109 — Portrait d'Elisabeth Joly. — Grétry, par Moreau. — Denon. — duc de Chartres. 4 pièces.

11 110 — Portraits de Louis XVI, Marie-Antoinette, Madame Elisabeth, Madame, duc d'Enghien, etc. 7 pièces.

78 111 Dutailly et autres. La Promenade du matin. — Portrait de la comtesse de Mexborough, par Ward etc. 3 pièces gravées en couleur.

15 112 École française. Séparation de Louis XVI d'avec sa famille. Pièce rare. Très-rare épreuve à l'état d'eau-forte.

113 — Égalité. — Journée du 20 juin 1792. 3 pièces, dont 1 à l'eau-forte. Rares.

33 114 — Le Joueur de marionnettes. Pièce de forme ronde, très-curieuse pour les costumes. Rare.

2 115 — Tom, Jerry et Logic au bal du Wauxhall. Pièce curieuse pour les costumes. Rare.

90 116 — Almanach pour l'année 1776, en deux feuilles, en hauteur, séparées par compartiments; les Saisons. Très-belle épreuve.

117 — Almanachs de cabinet. Deux charmants encadrements, en haut de l'un se trouve le Portrait de Louis XV, de l'autre les Armes royales. Très-belles épreuves.

118 — Dernière heure de la baronne de Rebecque, morte à 36 ans. Pièce rare. Très-belle épreuve.

119 — Soixante-quatre pièces, d'après Boucher, Watteau et autres.

120 — **Eisen** (D'après). Concert mécanique inventé par R. Richard, exposé à la Bibliothèque du roi en 1769, gravé par de Longueil. Trois épreuves, dont une avec le lustre et la flamme au-dessus de la tête de l'Amour.

121 — Sujets champêtres. 6 pièces de forme ovale. Très-belles épreuves.

122 — **Falconnet et Bouchardon** (D'après). Jeux d'enfants, Cris de Paris, etc. 10 pièces.

123 — **Fragonard** (D'après). La Folie: un Amour dans les airs tient à la main une Folie; charmante pièce gravée par Janinet. Épreuve superbe.

124 — La Fontaine d'amours; petite pièce gravée en couleur par Audebert. Très-belle épreuve.

125 **Fragonard et Carême.** Le Baiser amoureux. — Le Refus inutile. — L'Instant désiré. — Le Baiser dangereux. 4 pièces. Très-belles épreuves.

126 **Fragonard, Eisen et autres.** Les Regrets mérités. — Dites-donc, s'il vous plaît. — Le Comité, etc. 7 pièces.

— 14 —

127 **Freudeberg** (D'après). La Promenade du soir. Très-rare épreuve à l'état d'eau-forte.

128 — La Promenade du soir, par Ingouf. Très-belle épreuve.

129 — La Confiance enfantine. — Les Revers de la fortune, d'après Bonnieu. — L'Amant pressant, d'après Huet, etc. 4 pièces en noir et en couleur.

130 **Gillot**. Costumes de théâtre. 10 pièces. Très-belles épreuves.

131 **Greuze** (D'après). La Fille confuse, par Ingouf. — La Bonne mère, par Laurent Cars. 2 pièces. Belles épreuves.

132 — Petite Fille tenant un chien. — Petite fille tenant une poupée. 2 pièces gravées par Ingouf. Très-belles épreuves.

133 — La Jeune nourrice. — La Fleurette. — La Petite mère. 3 pièces gravées par Moitte. Très-belles épreuves.

134 — L'Aveugle trompé. — L'Innocence endormie. — Études de Têtes, etc. 11 pièces.

135 — La Cruche cassée, par Massard. Ancienne épreuve.

136 **Gwin**. Trois Femmes nues dans un atelier de peintre. Très-belle épreuve avant la lettre.

137 **Huet** (D'après). L'Amant pressant. — La Déclaration. 2 pièces gravées en couleur, par Legrand. Très-belles épreuves.

138 — Le Coq secouru. — Le Loup berger. — Les Laveuses, etc. 6 pièces gravées en couleur. Très-belles épreuves.

139 **Huet, Boucher et autres.** Portrait de Mme Huet. — Le Retour des champs, le Goût. — Têtes de Femmes. 11 pièces gravées aux trois crayons, par Demarteau, Bonnet. Très-belles épreuves.

140 **Janinet.** Cinq Têtes de femmes avec coiffures sur la même feuille, gravées en couleur. Très-belle épreuve.

141 — La Baraque rustique. — Le Nouvelliste. — La Chaumière flamande. La Tabagie hollandaise. 4 pièces gravées en couleur, d'après Ostade. Très-belles épreuves.

142 **Jeaurat et autres.** L'Éplucheuse de salade, etc. 7 pièces.

143 **Lavreince** (D'après). L'Heureux moment. — La Consolation de l'absence. 2 pièces faisant pendant, gravées par de Launay. Très-belles épreuves.

144 — L'Heureux moment, par M. De Launay. Très-belle épreuve.

145 — Le Billet doux. Très-rare épreuve à l'état d'eau-forte.

146 — Le Retour trop précipité, par Pierron. Très-belle épreuve.

147 — La Comparaison, charmante pièce gravée en couleur, par Janinet. Épreuve superbe.

148 — Ha! le joli petit chien! — Le petit Conseil. 2 charmantes pièces gravées en couleur, par Janinet. Épreuves superbes.

149 — L'Heureuse rencontre; charmante pièce gravée en couleur, par Janinet. Épreuve superbe.

150 **Le Barbier** (D'après). La Prudence en dé-
faut; plus une Scène de théâtre avant la lettre.
2 pièces.

151 **Lebrun** (D'après madame). Jeune Femme
étudiant la musique, gravé par le comte de
Parey. Charmante petite pièce. Très-rare.

152 **Le Clerc** (D'après). Cicillia. — La Comédie.
— Le Diseur de bonne aventure, etc. 6 pièces.
Belles épreuves.

153 **Le Cœur**. Le Collin-Maillard. Pièce gravée en
couleur. Très-belle épreuve avant toute lettre.

154 — **Leprince**. Paysages et sujets champêtres,
gravés à l'eau-forte.

155 **Lunaud** (D'après). Les quatre Saisons. — Les
Comédiens de bois. — La petite Dormeuse.
6 pièces gravées par Lebeau. Très-belles épreuves.

156 **Marin** (D'après). Les Vrais soins paternels. —
Le Danger du sommeil. 2 pièces gravées en
couleur. Très-belles épreuves.

157 **Martinet** (A Paris chez). Les Sens. Suite de
5 pièces coloriées.

158 **Moreau** (D'après). C'est un fils! monsieur,
par C. Baquoy. Très-belle épreuve avant la lettre, sans marge.

159 — N'ayez pas peur, ma bonne amie, par Helman. Superbe épreuve avant la lettre.

160 — La même pièce. Très-rare épreuve à l'eau-
forte pure.

161 — Le Souper fin, par Helman. Superbe épreuve
avant la lettre; elle a une belle marge.

162 — La Sortie de l'Opéra. Très-belle épreuve avant toute lettre.

163 — Couronnement de Voltaire, par Gaucher. Très-rare épreuve, presque à l'état d'eau-forte, avant la lettre et la bordure, plus la même estampe avec la lettre et la bordure. 2 pièces.

164 **Moreau et Dugoure**. La Poule au pot. — Exemple d'humanité. Deux pièces gravées par Godefroy et David. Belles épreuves.

165 **Monnet** (D'après). Les Baigneuses surprises, par Vidal. — La Ruelle. 2 pièces. Très-belles épreuves.

166 — **Paterre** (D'après). Le Plaisir de l'été, par Surugue. — Deux pièces pour le Roman comique, dont une avant la lettre. Deux autres pour le Don Quichotte, dont une avant la lettre, etc. 7 pièces.

167 **Picart**. Costumes d'acteurs de la Comédie française et de la Comédie italienne. Suite de 23 pièces et un titre. Très-belles épreuves.

168 **Queverdo** (D'après). Les Saisons, Suite de 4 pièces gravées par Dambrun. Très-belles épreuves.

169 **Regnault**. Le Lever, Le Bain, d'après Baudoin. 2 pièces gravées en couleur. Très-belles épreuves.

170 **Rowlandson et autres**. Caricatures anglaises. 48 pièces coloriées.

171 **Saint-Aubin**. La Promenade des remparts. Charmante pièce gravée par Courtois. Très-belle épreuve.

— 18 —

172 — Le Concert. Très-belle épreuve.

173 — Le Bal paré. Très-rare épreuve à l'état d'eau-forte.

174 **Saint-Aubin** (Augustin de). Le Bal paré. — Le Concert. 2 charmantes pièces et des plus intéressantes du xviiie siècle, gravées par Duclos. Épreuves de la plus grande beauté.

175 — La Sollicitude maternelle; pièce gravée en couleur, par Sergent et Phelipaux. Très-belle épreuve.

176 **Vangorp** (D'après). Le Déjeuner de Fanfan.— Les Plaisirs paternels. 2 pièces faisant pendant, gravées en couleur. Superbes épreuves avant toute lettre.

177 — Vignettes d'après Gravelot, Cochin, Eisen et autres pour différents ouvrages. 115 pièces.

178 — Vignettes d'après Desenne, Eisen, Cochin, Gravelot et autres. 119 pièces.

179 — Vignettes pour Rousseau, d'après Moreau, Monsiau, etc. 42 pièces, dont plusieurs avant la lettre.

180 — Vignettes pour les Contes de Lafontaine, d'après Eisen et autres. 73 pièces.

181 — Vignettes d'après Moreau pour différents ouvrages. 57 pièces.

182 — Vignettes d'après Binet pour le Paysan et la Paysanne pervertis, et autres ouvrages. 87 pièces.

183 — Vignettes d'après Desrais, Gravelot pour différents ouvrages. 22 pièces. Très-belles épreuves.

— 19 —

184 **Watteau** (D'après). La Gamme d'amour, par Le Bas. Belle épreuve,
185 — Récréation italienne, par Aveline. — Escorte d'équipages, par Cars. — La Collation, par Moyreau. 3 pièces. Belles épreuves.
186 — La Joie du théâtre. — Le Qu'en dira-t-on. — Scènes militaires, etc. 10 pièces. Très-belles épreuves.
187 — Études de têtes, Pastorales, d'après Eisen. 14 pièces.
188 — La Leçon de musique, par Audran. — *Sous un habit de Mezetin*, etc., par Thomassin. 3 pièces. Très-belles épreuves.
189 **Watteau et Leprince** (D'après). Têtes de jeunes femmes. — L'Espagnol favori. — La Rose choisie. 4 pièces gravées en couleur, par Demarteau et Bonnet. Très-belles épreuves.

LITHOGRAPHIES
ET EAUX-FORTES MODERNES

190 **Berthault**. Paysages gravés à l'eau-forte. 42 pièces.
191 — Paysages et sujets divers, gravés à l'eau-forte. 49 pièces.
192 **Blery**. Paysages. 6 pièces gravées à l'eau-forte. Très-belles épreuves.

193 — **Bonington**. Bologna. Très belle épreuve de la seule eau-forte du maître, sur chine.

194 — *Caen*. Maison, grande rue Saint-Pierre. Superbe épreuve.

195 — Tour du Gros Horloge. Évreux. Superbe épreuve.

196 — *Rouen*. Cathédrale Notre-Dame. — Fontaine de la Crosse. — Château d'Harcourt. Lillebonne. 3 pièces. Très belles épreuves.

197 — Pièces tirées du voyage en Écosse. 7 pièces.

198 — La Prière. Le Silence favorable. — Le Repos. La Conversation. Le Retour. Des Plaisirs paternels. Suite de 5 pièces. Très belles épreuves.

199 **Charlet**. Voilà pourtant comme je serai dimanche. L'Aumône. Deux épreuves. Odry, rôle de Beldame. — Voilà encore un duel. Plume! Jean plume. 6 pièces.

200 — Sujets tirés d'albums. 82 pièces.

201 **Decamps**. Le Chenil. — Le Gardeur de porcs. — Pièces tirées de l'album : croquis par divers artistes. Lithographies par Eugène Leroux, d'après Decamps, etc. 17 pièces.

202 **Decamps** (D'après). Petit Âne dans une cour, par Collignon. Très rare épreuve avant toutes lettres, non décrite.

203 — La même pièce, une épreuve avec le nom à la pointe et une épreuve avec la lettre. 2 pièces.

204 — Paysages. Le Singe et autres sujets, par Eugène Leroux, Marvy, Dupont, etc. 27 pièces.

205 **Demarne**. Sept pièces de son œuvre. Très belles épreuves.

206 **Gavarni.** Trois cent vingt-trois pièces de son œuvre, qui seront vendues par suites.

207 **Gros et Guérin.** Chef des Mamelucks à cheval appelant du secours. Trois épreuves, dont une avant le nom de Gros. — Qui trop embrasse mal étreint. — Le Paresseux, etc. 10 pièces.

208 **Isabey.** Marines. Souvenirs de Bretagne. 5 pièces.

209 **Jacques** (Ch.). Quantité de pièces à l'eau-forte, parmi lesquelles beaucoup de rares en premiers états. Elles seront vendues par suites.

210 **Marvyk.** Paysages, gravés d'après Rembrandt, Dujardin, Diaz, Berthaudt, Decamps et autres, grand nombre de pièces qui seront vendues par suites.

211 **Lemud** (A. de). Le Prisonnier, Hoffman. — Jeune fille brodant une écharpe. — Enfance de J. Callot. Pièces par Géricault, Delacroix et autres, 13 pièces.

212 **Mercury** (P.). Les Moissonneurs dans les marais Pontins, d'après L. Robert. Deux épreuves.

213 **Henri Monnier.** Soixante-dix pièces de différentes suites. Coloriées.

214 — Quarante-six pièces tirées de différentes suites. Coloriées.

215 **Prud'hon.** Une Famille malheureuse. Épreuve du 1er état, avant la retouche et avec le 1er titre.

216 Phrosine et Mélidor. Belle épreuve.

217 **Prud'hon** (D'après). Aminta, gravée par Roger. Superbe épreuve avant la lettre.

218 — Daphnis attirant Chloé, gravé par Roger. Superbe épreuve avant la lettre, les noms d'artistes à la pointe.

219 — Phrosine et Mélidor, gravé par Roger. Superbe épreuve avant la lettre, les noms d'artistes à la pointe.

220 — La Vertu aux prises avec le Vice. — La Raison parle et la Vertu entraîne. — Aminta. — Abrocome, E. Anzia. 4 pièces gravées par Roger, plus la Soif de l'or, par Aubry Lecomte.

221 — Le Triomphe de Bonaparte, premier consul, gravé par Roger. Très-belle épreuve avant la lettre.

222 **Raffet.** Sujets tirés du Voyage en Russie, du journal la *Caricature*, d'Albums et autres. 112 pièces.

223 **Robert** (Léopold). Le Repos du pâtre. — Jeune Suissesse assise, etc. 7 pièces.

224 **Roqueplan** (C.) Paysages et autres sujets. 25 pièces.

225 **Vernet** (H.) Cent-six pièces de son œuvre, dont quelques-unes rares.

DESSINS

227 **Bellangé.** Le Tondeur de Meulon, au crayon noir, lavé d'aquarelle, sur vélin.

228 **Carême.** Satyre surprenant une Nymphe. A la plume, lavé.

229 **Forty et autres.** Dessins de Lustres, Candélabre, Bijoux, etc. 9 pièces.

230 **Jacque** (Ch.) Environ 300 croquis à la plume et au crayon noir, qui seront vendus par lots.

231 **Lanté.** Costumes. 19 Dessins à l'aquarelle, qui ont été publiés par M. de La Mesengère.

232 **Monnet.** Mars, Vénus et l'Amour, au crayon noir.

233 **Monnet et Choquet.** Dessins pour illustrer différents ouvrages, à la plume, lavés d'encre de Chine et de sépia. 28 pièces.

234 **Nicolle.** Vues d'Italie, à la plume, lavées. 16 pièces.

235 **Paris et de France** (Vues de). Réunion de dessins à l'aquarelle, à la sépia et à la mine de plomb, par divers artistes. 35 pièces.

236 **Scheffer** (H.) **et autres.** Costumes, à l'aquarelle. 7 pièces.

237 **Vernet** (H.) Costumes, 11 Dessins à l'aquarelle, qui ont été publiés par M. de La Mesengère.

238 **Vernet** (Carle). Costume de Femme, grand dessin à l'encre de Chine, dessiné en l'an IV.

DESSINS
Par DUPLESSIS-BERTAUX
et
TABLEAUX DE LA RÉVOLUTION

239 **Duplessis-Bertaux**. Costumes militaires. Deux dessins au crayon rouge.

240 — Portraits de Agnès Sorel, Marie Stuart, Louis XIV, Racine, Louis XVIII et Personnages de la Révolution. Dix-huit dessins à la plume et au crayon noir.

241 Études de Draperies, sujets religieux. — Études de Têtes et d'Animaux. 90 dessins à la plume et au crayon noir, collés sur 17 feuilles.

242 Costumes militaires, Napoléon. — Costume de Cocher, etc. 16 dessins à la plume et au crayon noir.

243 — Le Maréchal-Ferrant. — Cartouche, de chaque côté des militaires assis; costumes de hussards. 5 dessins à la plume et au crayon.

244 — Mendiants, d'après Callot et autres. 8 dessins à la plume.

— 25 —

245 — Croquis imités de Callot. 14 dessins à la plume et au crayon noir.

246 — Costumes militaires, croquis. — Statue de Henri IV, etc. 10 dessins au crayon noir.

247 — Sujets Religieux, Études de Draperies et autres. 13 dessins au crayon noir.

248 — Recueil de Sujets de divers genres, composés et gravés à l'eau-forte, par J. Duplessis-Bertaux. 40 pièces.

249 — Dessins pour la campagne d'Italie, au crayon noir et à la plume ; dans l'un le premier plan est gravé à l'eau-forte.

250 **TABLEAUX DE LA RÉVOLUTION FRANÇAISE.** Suite de Dessins originaux, par Fragonard, Duplessis. Bertaux, Swebach, Defontaines, Prieur, dont le détail suit :

Frontispice du 1er volume.

Affaire de Nancy. Mort de Desèle.

Prise du camp de Jalis par les Patriotes. Juillet 1792.

Translation de Louis XVI et de sa famille au Temple, 1792.

Émigration de Lafayette du camp devant Sedan, 1792.

Prise de Verdun. Mort de Beaurepaire, 1792.

Massacre des 2, 3, 4, 5 et 6 septembre 1792.

Prise de la Ville de Spire, le 29 septembre 1792.

Bombardement de la ville de Lille, 1792.

— 26 —

85 Assassinat de Basseville, à Rome, 1793.
87 Exécution de Louis XVI. Deux compositions; une seule a été gravée.
88 Bataille de Nerwinde, 1793.
89 Journées des 31 mars, 1ᵉʳ et 2 juin 1793.
90 Incendie du Cap français, 1793.
91 Attaque de Nantes par les Vendéens, 1793.
93 Déroute de Passy, 1793.
95 Acceptation de la Constitution républicaine, 1793.
96 Victoire de Hondschoote, 1793.
98 Siège et prise de la ville de Lyon, 1793.
101 Siège de Granville, 1793.
104 Reprise de Toulon par les troupes françaises, 1793.
105 Supplice de Gobel, évêque de Paris; Hebert, Vincent, Chaumette, etc., 1794.
106 Condorcet se donnant la mort dans sa prison, 1794.
107 Soupers fraternels dans les sections de Paris, 1794.
108 Héroïsme des marins qui montaient le vaisseau le *Vengeur*, 1794.
112 Intérieur d'un Comité révolutionnaire, sous le règne de la Terreur, 1793, 1794.
113 Loiserolles se dévoue à la mort pour son fils; composition qui n'a pas été gravée, 1794.
114 Attaque de la maison commune de Paris, 1794.
115

115 Clôture de la salle des Jacobins, 1794.

116 Robespierre amené blessé, dans l'antisalle du Comité de salut public, 1794.

118 Fêtes des victoires. Combat des jeunes élèves au Champ-de-Mars, 1794.

119 Passage du Vahal, sur la glace, 1795.

120 Entrée des Français dans la Hollande, le 21 janvier 1795.

121 Départ des ex-députés Billaud, Collot et Barère, pour la déportation, 1795.

122 Pacification de la Vendée, le 1er floréal, 1795.

123 Fouquier-Thinville jugé par le tribunal révolutionnaire.

124 Assassinat du député Ferraud, dans la Convention nationale, 1795.

125 Attaque du faubourg Saint-Antoine, 1795.

126 Massacres dans le fort Saint-Jean, à Marseille, 1795.

128 Les Troupes françaises passant le Rhin, près Dusseldorf, 1795.

129 Attaque de la Convention nationale, journée mémorable du 13 Vendémiaire, 1796.

130 Audience du Directoire en costume, 1796.

131 Échange des députés prisonniers en Autriche, 1797.

133 Exécution de Charette, à Nantes, 1797.

136 Attaque du camp de Grenelle par des conspirateurs, 1797.

138 Fête de Fondation de la République, 1797.

— 28 —

Fête donnée à Bonaparte, au palais national du Directoire, après le traité de Campo-Formio, 1798.

141 Entrée triomphante des Français dans Rome, 1798.

142 Entrée triomphante des Français dans Berne, 1798.

143 Entrée triomphale des Monuments des Sciences et Arts en France ; fête à ce sujet, 1798.

Plus 7 Desssins qui n'ont pas été reproduits.

57 Dessins à la plume, au crayon noir, à l'encre de Chine, qui ont été gravés par Bertaud, dans les tableaux de la Révolution française.

251 — Portraits pour le même ouvrage, dont le détail suit :

  Louis XVI.
  Marie-Antoinette.
  Robespierre.
  M. et Mme Rolland.
  Danton.
  Marat.
  Chalier.
  Camille Desmoulins.
  Fouquier-Tinville.
  Carrier.
  Chaumette.
  Bailly.

Gilbert.
Mirabeau.
Luckner.
Dumouriez.
Houchard.
Guadet.
Roberjot.
Berthier.
Lally-Tolendal.

Plus 3 Portraits qui n'ont pas été gravés. En tout 25 Portraits à la plume, au crayon noir; pourront être vendus séparément.

252 — **Tableaux de la Révolution française** ou Collection de gravures représentant les événements principaux qui ont eu lieu en France, depuis la transformation des États généraux en Assemblée nationale. Suite de 222 Sujets et Portraits. Superbes épreuves avant la lettre. En feuille : le texte manque.

253 — La même suite, également avant la lettre. 198 pièces.

254 — La même suite, 64 pièces également avant la lettre.

255 — La même suite. 100 pièces. Très-rares épreuves à l'état d'eau-forte.

256 — Galeries de Versailles, environ 930 pièces avec texte de l'édition de luxe, tirée grand in-fol. sur papier de Chine.

257 — Sous ce numéro seront vendus grand nombre de Dessins et Gravures en lots. Environ 100 Albums, contenant Lithographies et Vignettes, Dessins et Gravures encadrés. Tableaux.

www.ingramcontent.com/pod-product-compliance
Lightning Source LLC
Chambersburg PA
CBHW050037230526
45470CB00003B/1315